Lado *a* Lado

Una explicación concisa de la igualdad bíblica

JANET GEORGE

CBE International
cbeinternational.org

This resource provided in 2016 by **PUBLISH4ALL**
info@publish4all.com

Lado a Lado: Una explicación concise de la Igualdad Bíblica
Derechos de autor CBE International © 2012

Still Side by Side: A Concise Explanation of Biblical Equality
Copyright CBE International © 2009

Traducido por Peace and Hope International con la ayuda de Barbara F. Weissberger,
Loida Carriel, Colleen Beebe y Alfonso Wieland.
3400 Park Avenue South
Minneapolis, MN 55407
www.peaceandhopeinternational.org

Publicado por: CBE International
122 W. Franklin Ave, Suite 218
Minneapolis, MN 55404-2451
www.cbeinternational.org

ISBN 978-0-9820465-0-0 (Print)

Contenido

Introducción

Cuando estaba en la Universidad fui invitada a dictar un taller en un retiro de fin de semana para estudiantes universitarios. Cuando se lo dije a mi novio, me disuadió a no hacerlo porque la Biblia dice que las mujeres no deben enseñar a los hombres. Por esa razón, rehusé hacerlo. Los dos queríamos ser obedientes a la Biblia tal y como la entendíamos. Asistí al taller y el hombre que me reemplazó era una bella persona pero un maestro poco efectivo. Recuerdo que pensé "¡Esto no está bien!" ¿Saben lo que pasó con el novio? ¡Me case con él! La historia sigue así:

Mateo y yo empezamos nuestro matrimonio en 1978 pensando que la Biblia enseñaba que debía haber una jerarquía en el hogar y en la iglesia. Eso quería decir que los hombres eran los líderes y los que tomaban las decisiones. No es que pensáramos que Dios valoraba a los hombres más que a las mujeres, sino que cada uno tenía roles específicos. A lo largo del tiempo, íbamos sintiendo más y más un conflicto entre lo que pensábamos que la Biblia enseñaba y nuestra propia experiencia.

Desde entonces, hemos descubierto una riqueza de investigación que presenta una perspectiva distinta. Los igualitarios creen que la Biblia enseña la igualdad fundamental de todos los creyentes, quienes tienen la libertad de ejercer los dones dados por Dios en el hogar, la iglesia y la sociedad. Esto significa que todos los puestos ministeriales deben basarse en los dones y las capacidades, no el género. Y el hogar debe ser un lugar de mutua sumisión, apoyo y liderazgo.

Pero seguimos experimentando una situación en la cual los hombres y las mujeres son limitados por una perspectiva jerárquica. El otro día entré en una librería cristiana donde la sección para las mujeres incluía libros sobre el chocolate, el ejercicio y la decoración. La sección para los hombres tenía libros sobre el liderazgo, las finanzas, y asuntos de actualidad. ¿Qué mensaje da esto a nuestros hijos e hijas? Matt y yo asistimos a una boda donde se dijo que la sumisión significa que la esposa debe hacer lo que manda el esposo, aunque éste se equivoque. Y conocemos una pareja misionera cuyo apoyo financiero se eliminó porque los dos enseñan.

¿Sabías que...?

- Pablo no usa el vocablo "cabeza de familia" en la Biblia.
- Las Sagradas Escrituras dicen que debemos someternos los unos a los otros, no sólo las mujeres a los hombres.
- El vocablo "ayuda" usado en Génesis para describir a la mujer también se usa para describir a Dios.

¡Descubramos la verdad para poder servir todos libremente a Nuestro Señor Jesucristo, lado a lado!

La creación

P La Biblia dice que las mujeres fueron creadas para ser ayuda idónea de sus esposos. ¿No quiere decir esto que los hombres fueron creados para ser líderes aventureros?

R Los hombres y las mujeres fueron creados para ser socios e igualmente responsables para el reino de Dios.

Y Dios consideró que esto era bueno, y dijo: «*Hagamos al ser humano a nuestra imagen* y semejanza. *Que tenga dominio* sobre los peces del mar, y sobre las aves del cielo; sobre los animales domésticos, sobre los animales salvajes, y sobre todos los reptiles que se arrastran por el suelo.» Y Dios creó al ser humano a su imagen; lo creó a imagen de Dios. Hombre y mujer los creó, y los bendijo con estas palabras: «*Sean fructíferos y multiplíquense*; llenen la tierra y sométanla; *dominen* a los peces del mar y a las aves del cielo, y a todos los reptiles que se arrastran por el suelo» (Génesis 1:25b-28, NVI, énfasis añadido).

Hay dos estructuras claras de autoridad aquí: la autoridad de Dios sobre toda la creación y la autoridad conjunta del hombre y la mujer sobre la tierra y las criaturas. Desde el comienzo no hubo la intención de que los hombres tuvieran autoridad sobre las mujeres. Juntos han de engendrar y criar hijos; y tener dominio sobre la tierra—¡Y eso es una aventura!

Después dijo Jehová Dios: «No es bueno que el hombre esté solo: le haré *ayuda idónea* para él» (Génesis 2:18, RVR1995, énfasis añadido).

El término "ayuda" o "ezer" ha sido ampliamente malinterpretado para hacer pensar que las mujeres fueron creadas para servir a los hombres y estar subordinadas ante ellos. Linda Belleville explica: "Todas las otras diecinueve menciones de 'ezer' en el Antiguo Testamento tienen que ver con la ayuda que alguien fuerte ofrece a alguien necesitado, es decir, la ayuda de Dios, un rey, un aliado o un ejército. Además, quince de las diecinueve referencias hablan de la ayuda que sólo Dios puede proveer." (1). Un ejemplo es el siguiente:

A las montañas levanto mis ojos; ¿de dónde ha de venir mi ayuda? Mi ayuda proviene del Señor, creador del cielo y de la tierra (Salmos 121:1-2, NVI).

La palabra "idónea" o "knegdo" significa cara a cara, igual a o correspondiente a. ¡Un "ayudante idónea para él" significa una pareja correspondiente a él en todos los sentidos! La mujer fue creada con las habilidades necesarias para estar al lado de Adán y realizar la misión dada por Dios. Dios creó mujeres y hombres como compañeros iguales, dedicados a trabajar lado a lado.

Se dice que "El poder corrompe; el poder absoluto corrompe absolutamente." Es peligroso poner a una persona (el hombre) en posición de liderazgo que es inmerecida y que no rinde cuentas. Dios sabía esto—es por eso que la asociación, no la jerarquía es el diseño. Dios pretendía que hubiera una mutua y sana rendición de cuentas entre esposos. Desviarse de esto e imponer una jerarquía de poder y autoridad puede contribuir trágicamente al abuso verbal y físico. Mantengamos el diseño original.

La caída

P Parece ser que en muchas culturas, los hombres son dominantes. ¿Eso se debe a que Dios creó a los hombres así?

R La dominación masculina es una maldición causada por la caída, algo que se debe superar, no abrazar.

A la mujer le dijo: «Multiplicaré tus *dolores en el parto*, y darás a luz a tus hijos con dolor. Desearás a tu marido, y *él te dominará.*» Al hombre le dijo: «Por cuanto le hiciste caso a tu mujer, y comiste del árbol del que te prohibí comer, ¡maldita será la tierra por tu culpa! Con penosos trabajos comerás de ella todos los días de tu vida. La tierra te producirá cardos y espinas, y comerás hierbas silvestres. Te ganarás el pan con el sudor de tu frente, hasta que vuelvas a la misma tierra de la cual fuiste sacado. Porque polvo eres, y al polvo volverás.» (Génesis 3:16-19a, NVI, énfasis añadido).

Ambos, hombre y mujer participaron en la caída. Haber elegido el pecado trajo como consecuencia: un ambiente adverso, dolor en el parto y dominación masculina. Estas consecuencias no son instrucciones en cómo debemos vivir, sino los efectos malvados de la llegada del pecado al mundo. ¡Un esposo que domina sobre la mujer, como los abrojos en el campo, es algo que se debe eliminar, no incentivar! Explica Belleville, "La intención divina era una asociación—un dominio igual sobre la tierra, una responsabilidad igual en engendrar y criar a los hijos, y un deber igual en cultivar la tierra. El dominio de uno sobre el otro no fue la intención...es una disfunción que resulta de desobedecer a Dios." (2) Todavía hemos de servir lado a lado.

Uno en Cristo

P Dios ama y valora a todo el mundo, pero ¿no tienen roles distintos hombres y mujeres?

R Los roles deben basarse en los dones, la habilidad y la experiencia, no en el género.

Ya no hay judío ni griego, esclavo ni libre, hombre ni mujer, sino que todos ustedes son uno solo en Cristo Jesús (Gálatas 3:28, NVI).

Algunos dicen que este verso describe a los hombres y las mujeres como igualmente amados, valorados y salvados (iguales en el ser), pero con funciones distintas (desiguales en los roles).

Hay ejemplos de subordinación en los roles, tales como maestro/estudiante o empleador/empleado. Pero estas funciones se basan en la capacidad y son temporales. El estudiante está subordinado en la clase por la capacidad del maestro, pero esto es temporal. Si el maestro trabajara en un restaurante del cual era dueño el estudiante, los roles se intercambiarían. Los roles cambian constantemente, dependiendo de las situaciones y las calificaciones.

Rebecca Merrill Groothuis ha explicado que la subordinación femenina, sin embargo, no se basa en la capacidad, sino en el hecho de ser mujer. Y que no es temporal—ella nunca podrá salir de esta condición. Esto pasa de ser desigual en rol a ser desigual en el ser. Es ilógico decir que una mujer, cualquiera que fuera su capacidad, debe estar bajo la autoridad de los hombres en toda situación y que, a la vez, es igualmente valorada (3).

Y nótese que este verso no habla sólo de los hombres y las mujeres. ¡Imagínese que se diga que los roles deben ser determinados por raza o clase!

Pablo no dice que somos todos idénticos y de algún modo "unisex." Este verso anuncia que la raza, la clase, y el género son todos ajenos al trabajo de Cristo, que todos son iguales. Muchos versos del Nuevo Testamento confirman que todos los creyentes son iguales en ser y función: Juan 17:20-23; Romanos 12:4-5; 1 Corintios 12:12-14; Efesios 4:4-8, 11-13.

La iglesia debe modelar la unidad en este mundo fracturado. Cualquier palabra, actitud, o política que insinúa que las mujeres sean "menos que" los hombres en cualquier modo estorba nuestro ejemplo del amor inclusivo de Dios.

P   Tiene que haber una persona con la autoridad de tomar las decisiones. ¿No parece natural que esa persona sea el hombre?

R   Para que haya responsabilidad y para aprovechar de la sabiduría y la experiencia, las decisiones se deben compartir.

Sin embargo, en el Señor, ni la mujer existe aparte del hombre ni el hombre aparte de la mujer. Porque así como la mujer procede del hombre, también el hombre nace de la mujer; pero todo proviene de Dios (1 Corintios 11:11-12, NVI).

En la sociedad contemporánea, las mujeres y los hombres son igualmente apropiados y capaces de tomar decisiones bien pensadas. Despojar a una mujer inteligente del derecho de usar sus capacidades de razonamiento la disminuye a ella y a todos aquellos a su alrededor. El deseo de Dios es, como en el comienzo, la autoridad mutua y las decisiones tomadas en comunidad, los unos con los otros. Hemos de servir lado a lado.

Habrá ocasiones cuando las discusiones llegan a ser insuperables. Gilbert Bilezikian sugiere algunas formas de resolver las decisiones divergentes u opuestas, las cuales no necesariamente van en este orden:

1. Buscar la dirección de Dios.
2. Intentar someterse el uno al otro, de escuchar, respetar y mostrar empatía por el otro.
3. Ejercer los dones espirituales individuales, los talentos y las pericias naturales en el área debatida.
4. Llegar a un acuerdo mutuo.
5. Buscar consejo de personas de confianza y con experiencia en el tema.
6. Definir los principios bíblicos.
7. Identificar el pro y el contra.
8. Considerar que la persona que está más implicada debe tener más derecho a decidir (4).

P En el Antiguo Testamento, sólo los hombres eran sacerdotes; ¿no deben pues ser los hombres los sacerdotes o líderes espirituales del hogar?

R Todos tienen acceso y responsabilidad igual ante Dios.

Pero ustedes son linaje escogido, *real sacerdocio*, nación santa, pueblo que pertenece a Dios, para que proclamen las obras maravillosas de aquel que los llamó de las tinieblas a su luz admirable (1 Pedro 2:9, NVI, énfasis añadido).

No hay nada escrito en las Sagradas Escrituras que indique que el esposo sea el sacerdote del hogar. No hay afirmación más enfática— ¡en Cristo, todos tienen igual acceso y responsabilidad ante Dios! Como ha dicho John Phelan, "El velo del templo se ha desgarrado en dos y ahora todos tienen acceso a Dios. Todos los hijos de Dios son sacerdotes. Todos los hijos de Dios son sagrados. Todos los hijos de Dios tienen el Espíritu." (5).

P Puesto que Dios es nuestro Padre y Jesús fue un hombre, ¿no deben los hombres ser los líderes espirituales?

R Dios no es varón. Dios es espíritu y su imagen refleja a ambos: hombres y mujeres.

"Padre" es una de las muchas metáforas para Dios que describe el que, en ese día, concedió herencia y protección. Dios no es varón. Dios es espíritu (Juan 4:24). Ambos mujeres y hombres están creados en la imagen de Dios y lo reflejan igualmente. Dice Mimi Haddad, "Si insistimos en que Dios es varón, eso es idolatría, y hemos creado a Dios en **nuestra** imagen, lo cual es contrario a la Escritura" (6).

Jesús vino como hombre simplemente porque tenía que predicar en la sinagoga, donde se prohibía predicar a las mujeres en aquel tiempo. Cristo llega a ser nuestra salvación como el Dios hecho carne—no como hombre.

P ¿Cómo responder a quienes dicen que estamos destrozando la familia, al no seguir los roles tradicionales?

R Un hogar donde se practica la igualdad bíblica solo puede fortalecer la familia.

Uno solo puede ser vencido, pero dos pueden resistir. ¡La cuerda de tres hilos no se rompe fácilmente! (Eclesiastés 4:12, NVI).

Si se debilita un hilo, no se refuerza el cordón. La relación verdaderamente sana es la de respeto mutuo. Si estamos de acuerdo en que ambos padres compartan las responsabilidades y decisiones sobre lo que es mejor para la familia, eso sólo duplicará el beneficio a los hijos. Animar a los padres a que busquen la voluntad de Dios para sus vidas no significa que los hijos sean menos apreciados o no prioritarios en la familia. Al contrario, es un buen ejemplo que ambos padres se apoyen el uno al otro y apoyen sus vocaciones, sea de tiempo completo en el hogar, fuera del hogar, o una combinación de los dos.

El tercer hilo es Jesucristo, quien es el Señor del hogar. Donde se honra a Cristo y se respeta a todos, el amor abunda.

Tengan en mente, que hay situaciones en donde no hay madre o padre en el hogar. En estas circunstancias, es seguro que el imponer los roles estereotipados no ayuda al padre o a la madre que está solo. Estas familias se refuerzan con la comprensión y la ayuda del cuerpo entero de Cristo.

Jesús y las mujeres

P ¿Por qué no escogió Jesús a ninguna mujer como discípula?

R Los varones judíos fueron escogidos porque ellos podían realizar la misión en aquel tiempo. Ahora todos son llamados a cumplir la Gran Comisión.

Designó a doce, a quienes nombró apóstoles, para que lo acompañaran y para enviarlos a predicar y ejercer autoridad para expulsar demonios (Marcos 3:14-15, NVI).

Richard y Catherine Kroeger explican que, "Jesús sí tenía consigo un grupo de mujeres que servían como ministros y le acompañaban en su misión de predicar. Pero mandarlas solas a predicar y sanar públicamente hubiera sido imposible. Se prohibía a los eruditos del Talmud hablar públicamente con una mujer, ni siquiera con sus esposas. Tampoco se les permitía discutir los asuntos de Dios con una mujer, pues esto era una tentación al pecado…Jesús apreciaba completamente que la conversión tenía que ocurrir antes de que tales actitudes pudieran cambiar" (7).

También es notable que no hubiera gentiles entre los doce discípulos. Así es que, si los discípulos son un modelo de liderazgo en la iglesia, entonces todos los hombres no judíos también se excluirían.

P ¿Las mujeres estuvieron involucradas en el ministerio de Jesús?

R ¡El respeto que tenía Jesús a las mujeres y la inclusión de ellas en su ministerio puede considerarse radical!

Una discípula

> Después de esto, Jesús estuvo recorriendo los pueblos y las aldeas, proclamando las buenas nuevas del reino de Dios. Lo acompañaban los doce, y *también algunas mujeres* que habían sido sanadas de espíritus malignos y de enfermedades: María, a la que llamaban Magdalena, y de la que habían salido siete demonios; Juana, esposa de Cuza, el administrador de Herodes; Susana y muchas más que los ayudaban con sus propios recursos (Lucas 8:1-3, NVI, énfasis añadido)

Las mujeres ni siquiera eran contabilizadas en las reuniones públicas, pero Jesús acogía su ayuda y apoyo financiero.

Jesús enseña a las mujeres

> Mientras iba de camino con sus discípulos, Jesús entró en una aldea, y una mujer llamada Marta lo recibió en su casa. Tenía ella una hermana llamada María que, sentada a los pies del Señor, escuchaba lo que él decía. Marta, por su parte, se sentía abrumada porque tenía mucho que hacer. Así que se acercó a él y le dijo: —Señor, ¿no te importa que mi hermana me haya dejado sirviendo sola? ¡Dile que me ayude! —Marta, Marta — le contestó Jesús—, estás inquieta y preocupada por muchas cosas, pero sólo una es necesaria. María ha escogido la mejor, y nadie se la quitará (Lucas 10:38-42, NVI).

En la época de Jesús, se prohibía la educación de las mujeres. Sin embargo, cuando María tomó la posición de discípula, a los pies de Jesús, él defendió su derecho a aprender. Noten que Jesús dijo de su elección, "No se la quitará," aunque muchos han intentado hacerlo.

Una evangelista

En esto llegaron sus discípulos y se sorprendieron de verlo hablando con una mujer, aunque ninguno le preguntó: «¿Qué pretendes?» o «¿De qué hablas con ella?» La mujer dejó su cántaro, volvió al pueblo y le decía a la gente: —Vengan a ver a un hombre que me ha dicho todo lo que he hecho. ¿No será éste el Cristo? Salieron del pueblo y fueron a ver a Jesús... Muchos de los samaritanos que vivían en aquel pueblo creyeron en él por el testimonio que daba la mujer: «Me dijo todo lo que he hecho» (Juan 4:27-30, 39, NVI).

Las mujeres eran evitadas en público y se las consideraba como una tentación al pecado, pero Jesús escandalizó a sus discípulos cuando, junto al pozo, entabló una conversación con una mujer no honorable. Esta es la conversación privada más extensa que esté documentada. Luego, le animó a ser evangelista en su pueblo. Por su testimonio, muchos llegaron a creer en Jesús.

Jesús establece prioridades

Mientras Jesús decía estas cosas, una mujer de entre la multitud exclamó: —¡Dichosa la mujer que te dio a luz y te amamantó! —Dichosos más bien —contestó Jesús —los que oyen la palabra de Dios y la obedecen (Lucas 11:27-28, NVI).

La mujer era valorada principalmente por dar a luz hijos, pero Jesús dijo que lo más importante es ser discípulo.

Las mujeres enseñan a los discípulos sobre la resurrección

Así que las mujeres se alejaron a toda prisa del sepulcro, asustadas pero muy alegres, y corrieron a dar la noticia a los discípulos. En eso Jesús les salió al encuentro y las saludó. Ellas se le acercaron, le abrazaron los pies y lo adoraron. —No tengan miedo —les dijo Jesús—. Vayan a decirles a mis hermanos que se dirijan a Galilea, y allí me verán (Mateo 28:8-10, NVI).

El testimonio de una mujer no era aceptado en un tribunal, pero Jesús escogió a dos mujeres como testigos y anunciadoras de su resurrección.

Jesús nunca enseñó la subordinación de las mujeres. El vino para invertir los efectos de la caída, y su actitud hacia las mujeres reflejaba esto. ¡Jesús redimió a las mujeres del pecado y del prejuicio, y las liberó!

Los dones espirituales

P Dios da dones espirituales a los creyentes, pero ¿no son éstos distintos para los hombres y las mujeres?

R Dios da dones espirituales cuando se necesitan; los dones nunca se distinguen por el género.

En realidad lo que pasa es lo que anunció el profeta Joel: «"Sucederá que en los últimos días —dice Dios—, derramaré mi Espíritu sobre todo el género humano. *Los hijos y las hijas de ustedes profetizarán*, tendrán visiones los jóvenes y sueños los ancianos. En esos días derramaré mi Espíritu *aun sobre mis siervos y mis siervas*, y profetizarán (Hechos 2:16-18, NVI, énfasis añadido).

A cada uno se le da una manifestación especial del Espíritu para el bien de los demás...Todo esto lo hace un mismo y único Espíritu, quien reparte a cada uno según él lo determina (1 Corintios 12:7, 11, NVI, énfasis añadido).

Tenemos dones diferentes, según la gracia que se nos ha dado. Si el don de alguien es el de profecía, que lo use en proporción con su fe; si es el de prestar un servicio, que lo preste; si es el de enseñar, que enseñe; si es el de animar a otros, que los anime; si es el de socorrer a los necesitados, que dé con generosidad; si es el de dirigir, que dirija con esmero; si es el de mostrar compasión, que lo haga con alegría (Romanos 12:6-8, NVI).

Cada uno según el don que ha recibido, minístrelo a los otros, como *buenos administradores* de la multiforme gracia de Dios (1 Pedro 4:10, RVR1995, énfasis añadido).

En todos los pasajes bíblicos del Nuevo Testamento donde se mencionan los dones, no existen indicios de diferencias de género, aún en los dones que se supone conllevan autoridad. El evangelio es impedido gravemente, cuando a la mitad de la población se le impide servir libremente conforme a los dones recibidos.

Jesús instruyó en Mateo 9:37-38 «La cosecha es abundante, pero son pocos los obreros —les dijo a sus discípulos—. Pídanle, por tanto, al Señor de la cosecha que envíe obreros a su campo.» ¿Por qué alguien querría desanimar a los hijos de Dios a trabajar por él?

En el Foro del Comité Lausana para el Evangelismo Mundial que tuvo lugar en Tailandia en 2004, se reunieron 1530 participantes de 130 países para reflexionar cómo vitalizar "la Iglesia entera para llevar el evangelio al mundo entero." Una de las afirmaciones dice: "Afirmamos el sacerdocio de todos los creyentes y pedimos que la iglesia equipe, anime, y autorice a las mujeres, los hombres y los jóvenes a realizar su vocación como testigos y colaboradores en la tarea mundial de la evangelización" (8).

Gilbert Bilizekian subraya este punto: "Nuestro Señor describe el terrible destino de los siervos que entierran sus talentos en vez de usarlos al máximo para el ministerio del reino (Mateo 25:30). Uno tiembla ante la única retribución que sería peor: el destino de los líderes de la iglesia que fuerzan a los creyentes que están a su cargo a enterrar sus talentos dados por Dios en vez de usar todos los recursos disponibles para propósitos del reino" (9)

Las mujeres en la Biblia

P   ¿No fueron hombres todos los líderes de la iglesia primitiva?

R   Dadas las circunstancias sociales, hay un número impresionante de mujeres que fueron líderes en el Nuevo Testamento.

La Escritura describe a muchas mujeres que tenían posiciones de liderazgo. Se les menciona con menos frecuencia que los hombres a causa de la cultura de la época. Pero si fuera malo que las mujeres dirigieran o enseñaran, nunca se les hubiera designado o alabado en la Escritura.

- Ana (Lucas 2:36-38) y cuatro hijas de Felipe (Hechos 21:8-9) fueron profetas.
- Priscila enseñó, junto a Aquila, los caminos del Señor a Apolos (Hechos 18:24-26), estableció una iglesia en su casa (1 Corintios 16:19), y Pablo la llamó compañera de trabajo en Cristo Jesús (Romanos 16:3).
- Febe fue diaconisa y benefactora de Pablo (Romanos 16:1-2).
- Lidia se reunió con creyentes en su hogar y dio la bienvenida a Pablo y Silas (Hechos 16:13-15, 40).
- Junia fue apóstol (Romanos 16:7).
- Evodia y Síntique fueron colaboradores de Pablo (Filipenses 4:2-3).

El silencio

P ¿No dice la Biblia que las mujeres no deben hablar en la iglesia?

R El versículo en Corintios que dice que las mujeres deben guardar silencio se refiere al protocolo de la época. No tiene nada que ver con la habilidad o decoro de las mujeres hoy en día.

Todo esto debe hacerse para la edificación de la iglesia. Si se habla en lenguas, que hablen dos—o cuando mucho tres—, cada uno por turno; y que alguien interprete. Si no hay intérprete, que guarden silencio en la iglesia y cada uno hable para sí mismo y para Dios. En cuanto a los profetas, que hablen dos o tres, y que los demás examinen con cuidado lo dicho. Si alguien que está sentado recibe una revelación, el que esté hablando ceda la palabra...porque Dios no es un Dios de desorden sino de paz. Como es costumbre en las congregaciones de los creyentes, guarden las mujeres silencio en la iglesia, pues no les está permitido hablar. Que estén sumisas, como lo establece la ley. Si quieren saber algo, que se lo pregunten en casa a sus esposos; porque no está bien visto que una mujer hable en la iglesia (1 Corintios 14:26b-30, 33-35, NVI).

En el siglo 21 ya no es vergonzoso que las mujeres hablen en la iglesia. De hecho, muchas personas están inhibidas en su fe porque consideran al cristianismo como una religión dominada por los hombres.

El principio expresado en este pasaje de Corintios es que se debe mantener el orden en los cultos religiosos. Noten que no son sólo las mujeres a quienes se pide que mantengan el silencio. A cualquiera que iba a hablar en lenguas se le decía que mantuviera silencio si no había un intérprete presente. También, si un profeta estaba hablando y la revelación le vino a otra persona, el primer profeta debía callar. El culto debía ser ordenado porque Dios es un Dios de paz.

Escribe Craig Keener, "El antiguo protocolo mediterráneo desaprobaría que una mujer honorable dirigiera la palabra a hombres que no fueran sus parientes...En general las mujeres tenían menos educación que los hombres, una afirmación de la cual nadie que conozca la literatura dudaría...Pablo evita el indecoro social cuando aconseja que las mujeres eviten el cuestionamiento de los hombres durante la reunión, pero él no está en contra de que las mujeres estudien...Con mayor entendimiento, podrían expresarse mejor intelectualmente en las mismas asambleas donde podían orar y profetizar. Visto de este modo, la cuestión en sí no tiene que ver con el género, sino con el decoro y el estudio—ninguno de los cuales debe restringir las voces de las mujeres en la iglesia hoy día" (10).

Además, si Pablo hubiera querido decir que las mujeres deben siempre guardar silencio, no les habría instruido tres capítulos antes que se cubrieran la cabeza mientras oraban y profetizaban en la iglesia (1 Corintios 11:5).

La autoridad y la enseñanza

P — Puesto que la Biblia dice que las mujeres no deben enseñar o tener autoridad sobre los hombres, ¿eso no quiere decir que las mujeres no deben ser maestras o pastoras?

R — El versículo que limita la autoridad de las mujeres en Éfeso se podría aplicar hoy diciendo que las personas sin entrenamiento no pueden combatir la falsa enseñanza.

La mujer aprenda en silencio, con toda sujeción. No permito a la mujer enseñar, ni ejercer dominio sobre el hombre, sino estar en silencio, pues Adán fue formado primero, después Eva; y Adán no fue engañado, sino que la mujer, siendo engañada, incurrió en transgresión. Pero se salvará engendrando hijos, si permanece en fe, amor y santificación, con modestia (1 Timoteo 2:11-15, RVR 1995, énfasis añadido).

El principio aquí es el de combatir la falsa enseñanza. La preocupación se expresa inmediatamente en 1 Timoteo 1:3.

Al partir para Macedonia, te encargué que permanecieras en Éfeso y les ordenaras a algunos supuestos maestros que dejen de enseñar doctrinas falsas (1 Timoteo 1:3, NVI).

Pablo añade que las mujeres eran el blanco de los falsos maestros.

Así son los que van de casa en casa cautivando a mujeres débiles...(2 Timoteo 3:6a, NVI).

"La mujer aprenda"

Las primeras tres palabras de este versículo son las más dramáticas y radicales, pero con frecuencia se saltan. Pablo dijo que las mujeres deben aprender. Pensaba que el mejor modo de combatir la falsa enseñanza era a través de la enseñanza correcta. Y las mujeres deben aprender del mismo modo que todos los buenos estudiantes rabínicos: en silencio y con respeto para su maestro.

"No permito a la mujer enseñar"

Pablo obviamente quiere decir que a las mujeres no se les permite enseñar antes de que tengan entrenamiento adecuado, porque alaba la habilidad de Priscila de enseñar (Hechos 18:24-26 y Romanos 16:3-5). Y tenga en cuenta que ella enseñó junto con su esposo, Aquila, en Efeso, la misma iglesia que había recibido la carta que contiene este pasaje.

"Ni que ejerza autoridad sobre el hombre"

Rebecca Merrill Groothuis afirma que, "La palabra en el verso doce que se traduce 'autoridad' (authentein) no es la palabra que se usa en otros lugares del Nuevo Testamento para denotar el uso positivo o legítimo de la autoridad (exousia); de hecho, esta palabra no aparece en ningún otro lugar del Nuevo Testamento. Además, tiene una variedad de significados en el griego antiguo, muchos de los cuales eran mucho más fuertes que la mera autoridad, hasta el punto de denotar la violencia" (11).

Pablo específicamente prohíbe una actitud agresiva y dominante que sería inapropiado para cualquier creyente.

"Debe estar en silencio"

Las mujeres debían aprender en silencio y no interrumpir, tal y cual se esperaba de todos los estudiantes rabínicos.

"Adán fue formado primero"

En Génesis, Dios dio sus instrucciones de no comer del "árbol de la ciencia" directamente a Adán, antes de que Eva fuera creada. Así que Eva no tenía instrucción directa de Dios. Rebecca Merrill Groothuis explica esto más: "El punto de la ilustración es que, para evitar el engaño y el error grave, aquellos que carecen de la instrucción en la Palabra de Dios (tal como carecían Eva y las mujeres efesias) deben someterse a la experiencia de los que están mejor instruidos (como Adán y los líderes masculinos de la iglesia efesia)" (12).

"Salvadas engendrando hijos"

Esta parte es difícil de entender, pero hay una explicación: El templo de Artemisa en Éfeso era una de las siete maravillas de la antigüedad. Era enorme e incluía una tesorería con 400 guardias. Se adoraba mucho a Artemisa como diosa de fertilidad que ayudaba a las mujeres, especialmente en el parto. Pablo trata esta práctica sugiriendo que las mujeres no necesitan dirigirse a Artemisa para ser protegidas en el parto; en vez de esto, pueden tener fe en Jesús. Mimi Haddad escribe que "Al enfrentarse con la falsa enseñanza en Éfeso, Pablo sugiere que las mujeres se salvarán en el parto. ¿Está diciendo Pablo que las mujeres se salvarán en el parto, no a través del culto a Artemisa sino por permanecer fiel a Cristo?" (13).

Craig Keener nos presenta un punto crítico: "La Biblia permite el ministerio de las mujeres bajo circunstancias normales y lo prohíbe sólo bajo circunstancias extraordinarias...El único pasaje bíblico que explícitamente prohíbe que las mujeres enseñen la Biblia—en contraste con los numerosos pasajes que avalan que varias mujeres comuniquen el mensaje de Dios—se dirige a la única iglesia donde sabemos específicamente que los falsos maestros se dirigían eficazmente a las mujeres" (14).

En resumen, con la excepción de contadas situaciones, la enseñanza general de las Sagradas Escrituras es que todos los dones se conceden a ambos mujeres y hombres y que se les debe animar a participar en todos los niveles del ministerio. ¡No podemos esperar ser las manos y los pies de Dios en el mundo si la mitad de éstos están engrilletados!

La cabeza

P ¿No dice claramente la Biblia que el esposo es la cabeza del hogar?

R La Biblia nunca dice que el esposo es la cabeza del hogar. Lo que sí dice es que el hombre es la cabeza de la mujer, y que Dios es la cabeza de Cristo. En este contexto "cabeza" puede significar "fuente de vida" entre las personas y dentro de la Trinidad.

Ahora bien, quiero que entiendan que Cristo es cabeza de todo hombre, mientras que el hombre es cabeza de la mujer y Dios es cabeza de Cristo (1 Corintios 11:3, NVI).

"Cabeza" o "kephale" se entiende con frecuencia como autoridad. Pero también puede traducirse como "fuente", por ejemplo, la "fuente" de un río.

Hay dos razones por las cuales la palabra "cabeza" en 1 Corintios 11:3 podría significar "fuente de vida" en vez de "autoridad sobre." Primero, las relaciones se enumeran por orden cronológico de origen. Gilbert Bliezikian observa que "La secuencia que enlaza las tres cláusulas no es de jerarquía sino de cronología. En la creación, Cristo, como dador de vida a Adán, fue el dador de vida a los hombres. A su vez, el hombre dio vida a la mujer cuando fue sacada de él. Entonces, Dios dio vida al Hijo cuando entró al mundo para la encarnación, Cuando no se altera la secuencia bíblica de las tres cláusulas, el significado de 'cabeza' en este verso es siempre el de una función de siervo como proveedor de vida" (15).

La aplicación de este pensamiento es maravillosa. Como escribe Mimi Haddad, "En Génesis, Dios crea a la mujer del cuerpo del hombre. Igualmente, Cristo es el origen o fuente de la iglesia. Cristo murió para traer vida a los otros. De la misma manera, los esposos han de amar a sus esposas sacrificialmente—como su propia carne. Esto subraya la idea de unidad, de intimidad" (16).

Segundo, decir que "cabeza" quiere decir "autoridad sobre" implicaría la subordinación dentro de la Trinidad, la cual se ha considerado heterodoxo y herético por toda la historia de la iglesia.

Examinemos este versículo minuciosamente con "kephale" definido como "autoridad sobre":

- La autoridad sobre cada hombre es Cristo (sí).
- La autoridad sobre la mujer es el hombre (quizás).
- La autoridad sobre Cristo es Dios (no—Jesús no está eternamente subordinado al Padre).

Kevin Giles explica que "Casi todos los cristianos están de acuerdo en que en la encarnación el Hijo se subordinó al Padre. Funcionalmente asumió el rol de siervo. Pero la mayoría de cristianos no cree que la subordinación del Hijo en la encarnación defina la relación de Padre-Hijo en la Trinidad eterna o inmanente. En Filipenses 2:5-11, Pablo afirma que el Hijo tenía igualdad con el Padre antes de que voluntariamente se despojara para hacerse hombre y morir en la cruz, y que después fue exaltado para reinar como Señor" (17).

El versículo tiene más sentido cuando "kephale" se define como "fuente de vida":

- La fuente de todo hombre es Cristo (sí).
- La fuente de la mujer es el hombre (sí—en la creación la mujer fue hecha del hombre).
- La fuente de Cristo es Dios (sí—Jesús fue enviado por Dios el Padre en la encarnación).

Consideren luego unos versículos que describen a Jesús como cabeza de la iglesia. Noten que no describen su rol como líder o autoridad. "Cabeza" describe a Jesús como la primera fuente de vida, salvación y proveedor de crecimiento.

> Dios sometió todas las cosas al dominio de Cristo, y lo dio como cabeza de todo a la iglesia. Ésta, que es su cuerpo, es la plenitud de aquel que *lo llena todo por completo* (Efesios 1:22-23, NVI, énfasis añadido).

> Más bien, al vivir la verdad con amor, *creceremos hasta ser en todo como aquel que es la cabeza*, es decir, Cristo. *Por su acción* todo *el cuerpo crece y se edifica* en amor, sostenido y ajustado por todos los ligamentos, según la actividad propia de cada miembro (Efesios 4:15-16, NVI, énfasis añadido).

> [N]o se mantienen firmemente unidos a la Cabeza. *Por la acción de ésta*, todo el cuerpo, sostenido y ajustado mediante las articulaciones y ligamentos, *va creciendo como Dios quiere* (Colosenses 2:19, NVI, énfasis añadido).

Bilezekian explica que "El Nuevo Testamento contiene docenas de referencias a líderes de todo tipo: líderes religiosos, líderes de la comunidad, líderes militares, líderes gubernamentales, líderes patriarcales, y líderes de la iglesia. Nunca se designa a ninguno de ellos 'cabeza' o 'cabeza por encima de'. La explicación obvia para esta singularidad es que 'cabeza' no significaba 'líder' en el lenguaje del Nuevo Testamento. El uso de 'cabeza' dentro del contexto en que se encuentra en Primera de Corintios, Efesios, y Colosenses nos lleva a la conclusión de que el concepto de ser cabeza en el Nuevo Testamento se refiera a la función de Cristo como fuente de vida y crecimiento, y su rol de siervo en proveer y sustentar" (18).

Si todavía no están convencidos, les reto a leer el ensayo de Berkeley y Alvera Mickelsen, "¿Qué significa kephale en el Nuevo Testamento?" Aquí hay una muestra: "El diccionario más completo de griego-inglés (que cubre el griego homérico, clásico y koine) que existe actualmente es una obra de dos volúmenes y dos mil páginas compilado por Liddell, Scott, Jones y McKenzie, publicado primero en 1843...Este diccionario enumera, con ejemplos, los significados comunes de kephale. La lista no incluye 'autoridad', 'rango superior', 'líder', 'director', o nada parecido como significado" (19). Los Mickelsen siguen hablando del griego por catorce páginas. La respuesta de Philip Barton Payne al artículo de los Mickelsen dice, "Los Mickelsen en realidad subestiman el caso que presentan basado en el uso del griego. Incluyendo el suplemento de 1968, el diccionario de Liddell y Scott enumera cuarenta y ocho equivalentes distintos en inglés del significado figurativo de kephale. Ninguno de ellos implica líder, autoridad, primero o supremo" (20).

Resumiendo, en lugar de pretender que los hombres sucumban al triste resultado de la caída, que incluía que los hombres reinaran sobre sus esposas, ¡Dios quiere que los esposos sean una fuente de vida y aliento a sus esposas! ¡Tal como Jesús lo es para nosotros!

Merrill Groothuis amplifica: "Irónicamente, entender la cabeza de la esposa como el líder de la esposa destruye el propósito bíblico de la cabeza como nutridor de la vida, salud y crecimiento de la esposa. Una persona no puede llegar a la plena madurez espiritual, emocional e intelectual si se le niega la oportunidad de responsabilizarse de su propia vida, si se le trata como a un niño que necesita que otro tome sus decisiones...Los matrimonios jerárquicos también impiden el crecimiento del esposo en carácter y santificación, [omitiendo así] el mutuo aprendizaje y amor de dos cónyuges iguales en el servicio del Reino de Cristo" (21).

La sumisión

P   La Biblia dice que las esposas deben someterse a sus esposos. ¿No está bien esto cuando se trata del apoyo inteligente y voluntario?

R   La sumisión de las esposas y la obediencia de los esclavos se esperaban en el siglo primero. Pero Pablo instruye a las familias que se comporten de un modo nuevo: ¡someterse el uno al otro!

Sométanse unos a otros, por reverencia a Cristo. Esposas, sométanse a sus propios esposos como al Señor...Esposos, amen a sus esposas, así como Cristo amó a la iglesia y se entregó por ella...Esclavos, obedezcan a sus amos terrenales con respeto y temor, y con integridad de corazón, como a Cristo... ustedes, amos, correspondan a esta actitud de sus esclavos, dejando de amenazarlos. Recuerden que tanto ellos como ustedes tienen un mismo Amo en el cielo, y que con él no hay favoritismos (Efesios 5:21-22, 25; 6:5, 9a, NVI, énfasis añadido).

La sumisión mutua es el versículo clave aquí, instruyéndonos cómo debemos demostrar la llenura del Espíritu en nuestros hogares (Efesios 5:18). Pablo usaba la sumisión de las esposas a sus esposos, en esa cultura, como ejemplo de cómo debemos someternos los unos a los otros. La ley judía y romana imponía la obediencia de las esposas y los esclavos y esa era la costumbre cultural aceptada. Pero para la iglesia primitiva, la prioridad era diseminar el evangelio, no quebrar la ley. Entonces, Pablo explica cómo portarse dentro de los límites de una sociedad patriarcal, con buenas virtudes cristianas—sumisión (no obediencia) y amor (no dominio).

J. Lee Grady resume, "La sumisión, no en el sentido de dominio o mando sobre otro, sino en el sentido de preferirse el uno al otro y de no exigir derechos personales, debe funcionar en todo el cuerpo de Cristo para revelar el amor de Cristo al mundo" (22).

Conclusión

Las mujeres y los hombres han sido demasiadas veces impedidos de formar relaciones sanas y ministerios eficaces por una interpretación particular de unos pocos versos de la Escritura. No es la primera vez que esto ha ocurrido. En los Estados Unidos, durante el siglo diecinueve, los defensores de la esclavitud dependían mucho de su interpretación de la Biblia. Indicaban que Jesús se refería a los esclavos en parábolas, que Gálatas 4 usa ejemplos de la esclavitud, y Efesios 6 manda que los esclavos obedezcan a sus amos. Dice Stan Gundry que "Algún día los cristianos tendrán vergüenza de la defensa bíblica que hace la iglesia de la jerarquía patriarcal tal como lo tiene ahora de las defensas bíblicas de la esclavitud en el siglo diecinueve" (23).

La Escritura debe interpretarse según el contexto, época, y temas generales. Consideren si cualquiera de las situaciones siguientes se ajusta al mensaje integral de la Biblia:

- Una mujer inspirada que asiste a un seminario teológico local se le dice que puede dar un breve testimonio a la congregación, pero sólo en un lugar particular del santuario, sin decir nada que se pueda interpretar como enseñar.

- A un niño se le prohíbe tratamiento médico que su madre ha investigado y el cual se le ha recomendado, porque el esposo no está de acuerdo y se niega.

- Una mujer que está realizando un fructífero ministerio, es despedida cuando se unen a la junta directiva unos hombres que creen que las mujeres no deben estar en posiciones de liderazgo.

- Una esposa es abusada verbal y físicamente por su esposo, un diácono de la iglesia. Su pastor le aconseja que no lo enoje, sino que se someta a él y ore.

- A una estudiante universitaria se le desanima de seguir una carrera prometedora diciéndole que el plan perfecto que tiene Dios para ella es casarse algún día. Se le dice que no podrá servir suficientemente a su esposo si trabaja fuera de casa.

Claro que hay opiniones diferentes sobre este tema. Pero, si hemos de errar, no debemos errar en limitar el trabajo de Dios. Animemos a todo el cuerpo de Cristo a ejercer todos los dones, para todo el mundo. Las necesidades son grandes, y Dios lo sabe...¡*se necesita a todos y todas!*

Afirmación de fe de CBE

Creemos que la Biblia es la palabra inspirada de Dios, que es fidedigna, y que es la autoridad final para la fe y la práctica.

Creemos en la unidad y trinidad de Dios, que eternamente existe como tres personas iguales.

Creemos en la plena divinidad y la completa humanidad de Jesucristo.

Creemos en la pecaminosidad de todas las personas. Un resultado del pecado son las relaciones rotas con Dios, los otros, y uno mismo.

Creemos que la salvación eterna y las relaciones restauradas son posibles a través de la fe en Jesucristo que murió por nosotros, resucitó de entre los muertos, y que viene de nuevo. Esta salvación es ofrecida a toda la gente.

Creemos en el obrar del Espíritu Santo en la salvación, y en el poder y la presencia del Espíritu Santo en la vida de los creyentes.

Creemos en la igualdad y dignidad esencial de los hombres y las mujeres de todas las etnias, edades y clases sociales. Reconocemos que todos están hechos en la imagen de Dios y que han de reflejar esa imagen en la comunidad de creyentes, en el hogar y en la sociedad.

Creemos que los hombres y las mujeres han de desarrollarse diligentemente y usar sus dones dados por Dios a favor del hogar, la iglesia y la sociedad.

Creemos en la familia, la soltería célibe, y el matrimonio heterosexual fiel como el diseño de Dios.

Creemos que, tal como manda la Biblia, los hombres y las mujeres han de oponerse a la injusticia.

Notas

(1) Linda Belleville, *Two Views on Women in Ministry* (Zondervan Publishing House, 2001; Grand Rapids, MI; James Beek and Craig Blomberg, eds). 142.

(2) Ibid., 148.

(3) Rebecca Merrill Groothius, *Good News for Women* (Baker House, 1997; Grand Rapids, MI) 43.

(4) Gilbert Bilezikian, *Beyond Sex Roles* (Baker Academic, 2006; Grand Rapids, MI) 99-100.

(5) John Phelan, *All God's People* (Covenant Publications, 2005: Chicago, IL) 51.

(6) Mimi Haddad, "What Language Shall We Use?" (*Priscilla Papers*, Volume 17, Issue 1, Christians for Biblical Equality; Minneapolis, MN).

(7) Richard and Catherine Kroeger, "Why Were There No Women Apostles?" (*Equity*, 1982). 10-12.

(8) David Claydon, "The Context for the Production of the Lausanne Occasional Papers," (*Empowering Women and Men to Use their Gifts Together in Advancing the Gospel, Lausanne Occasional Paper No. 53*; Christians for Biblical Equality, 2005; Minneapolis, MN; Alvera Mickelsen, ed.). iv.

(9) Bilezikian, *Beyond Sex Roles*, 140.

(10) Craig Keener, *Two Views on Women in Ministry* (Zondervan Publishing House, 2001; Grand Rapids, MI; James Beck and Craig Blomberg, eds.). 166, 169, 171.

(11) Groothuis, *Good News for Women*, 215.

(12) Ibid., 222.

(13) Mimi Haddad, "Paul and Women", (*Empowering Women and Men to Use their Gifts Together in Advancing the Gospel, Lausanne Occasional Paper No. 53*; Christians for Biblical Equality, 2005; Minneapolis, MN; Alvera Mickelsen, ed.). 34.

(14) Keener, *Two Views on Women in Ministry*, 29.

(15) Gilbert Bilezikian, "I Believe in Male Headship"(Christians for Biblical Equality, Free Articles, cbeinternational.org; Minneapolis, MN).

(16) Haddad, "Paul and Women", 35.

(17) Kevin Giles, "The Subordination of Christ and the Subordination of Women", (*Discovering Biblical Equality*; InterVarsity Press, 2004; Downers Grove, IL; Ronald Pierce and Rebecca Merrill Groothuis, eds.). 337.

(18) Bilezikian, *Beyond Sex Roles*, 122.

(19) Berkeley and Alvera Mickelsen, "What Does Kephale Mean in the New Testament?" (*Women, Authority & the Bible;* InterVarsity Press, 1986; Downers Grove, IL; Alvera Mickelsen, ed.). 97-98.

(20) Phillip Barton Payne, "Response", (*Women, Authority & the Bible;* InterVarsity Press, 1986; Downers Grove, IL; Alvera Mickelsen, ed.). 118.

(21) Groothuis, *Good News for Women,* 157-158.

(22) J. Lee Grady, *Ten Lies the Church Tells Women*, (Charisma House, 2000; Lake Mary, FL). 177.

(23) Stan Gundry, "From *Bobbed Hair, Bossy Wives, and Women Preachers* to *Woman Be Free*: My Story" (*Priscilla Papers,* Volume 19, Issue 2, Christians for Biblical Equality; Minneapolis, MN).

www.ingramcontent.com/pod-product-compliance
Lightning Source LLC
Chambersburg PA
CBHW081242020426
42331CB00013B/3277